प्रस्तावना

यह पुस्तक मेरे माता पिता श्री धर्म नारायण श्रीवास्तव और स्वर्गीय श्रीमती गीता श्रीवास्तव को समर्पित है।

यह पुस्तक कविताओं का संग्रह है। जो जीवन के अनुभव से लिया गया है। मैं आशुतोष नारायण श्रीवास्तव फिल्म जगत में विगत कई वर्षों से कार्यरत हूं। मेरे मेरे द्वारा निर्मित शॉर्ट फिल्म जिंदा और बचपन महाराष्ट्र ,पांडिचेरी, तमिल नाडु और बिहार फिल्म फेस्टिवल्स में चुनी गई और बेस्ट डायरेक्टर और बेस्ट फिल्म के कैटेगरी में पुरस्कृत भी हुई। मेरी लिखी हुई दो कविताएं वायरल हुई है इस लाखों लोगों ने पढ़ा है। मैंने टीवी शो क्राइम वर्ल्ड भी लिखा है। यह पुस्तक मेरी एक कोशिश है। इसलिए कोई त्रुटि हो उसके लिए क्षमा प्रार्थी हूं।

1

आज मजबूर है इंसान,

कर रहा संघर्ष
कर रहा विचार
कल तक जिस प्रकृति पर कर रहे थे राज
आज प्रकृति कर रही हम पर राज
पशु पक्षी पेड़ पौधे खुशहाल
मनुष्य घरों में है दुखी हाल
जीने की आवश्यकता है कि बहुत कम
पर मनुष्य में फैला रखा था साम्राज्य
आज मनुष्य का प्रकृति याचना
दिख रही दूर ही सही रोशनी की किरण
आएगा दौर नया बदलेगा संसार
नया सवेरा आएगा
नव आशा नवजीवन ले आएगा
मनुष्य गलतियों को कर सुधार
अब रखेगा सभ्य संसार
सुविचार सुविचार

2

प्रकृत है जीवन दाता
उसमें बहती जीवन धारा
कभी हसाती कभी रुलाती

प्रकृति हमें अनेक खेल खिलाती

पर जीवन खेल नहीं सहज

उसमें निहित गूढ़ रहस्य

जो हम समझे प्रकृत रहस्य

प्रकृति खोल देती जीवन रहस्य

तब मधुर सहज जीवन होता

ना प्रकृति से भिन्न जीवन होता

जीवन प्रकृति मधुर मिलन

आता है जगत में सुख भुवन

3

कला सबको नहीं अपनाती

कला त्याग बलिदान मांगती

कला मनुष्य की मस्तिष्क की प्रखरता नापती

कला व्यक्ति को इतिहास में स्थान दिलाती

कला सबको नहीं अपना दी

4

जगमग रही रात्रि

चांद तारों में से झांक रहा

देख चकोर मन मयूर सा

पुलकित कल कल गान

मानव मनमीत के आस में

मानव हुआ मुग्ध

मुग्ध मानव रचा संसार

संसार में रचा स्वप्न

स्वप्न दे रहा सुख

सुख के पार दुख खड़ा

मनुष्य दुख देख बेचैन

ना कर चकोर की आस

तब मनुष्य लालसा रहित

कर रहा होगा जग कल्याण

5

प्रयत्न के उपरांत

समीप लक्ष्य के

बिछड़ते जाते एक एक पुराने संबंध

स्वार्थ लोभ से भरा था जो।

उन्हें उन्हीं को समर्पित कर

चल बड़ा लक्ष्य की ओर

कठोर यत्न के बाद कुछ दिखा

अंतिम प्रयत्न सफल हुआ तो

स्वप्न पूरा जीवन सफल

6

नेत्रों की भाषा

भाषा नेत्रों की

अर्थ अनेक मत अनेक

हृदय विचार प्रेम

बहुतेरे भाव लिए

पर निर्मल भाव

करे निर्मल नेत्र

निर्मल नेत्र प्रकृति प्रिय

प्रकृति प्रिय शो निर्मल

भाव निर्मल मन निर्मल

नेत्र निर्मल जग निर्मल

7

सजग चैतन्य मुखर

जब मानव धारण करें यह गुण

यह गुण मानव को दे नवजीवन

सजगता लाओ विचारों में

चैतन्यता लाओ मन में

मुखरता लाओ वाणी मे

तब देखो परिवर्तन जीवन में

परिवर्तन कर देगा चित शांत

शांत चित जीवन को दे आभा

आभा से युक्त जीवन मुक्ति

मुक्ति अंतिम मार्ग

मुक्त जीवन सुखी जीवन

8

प्रेम मोह रूप विलास

सब बंधे एक डोरी से

मन बुद्धि विचार कर्म

यह भी बने एक डोरी से

पहली डोरी ले जाए स्वप्न में

दूसरी डोरी ले जाए उत्तमता में

उत्तम पुरुष लोक हितकारी

जो सीचे प्रकृति भुवन

सिंचित प्रकृति भुवन लोक कल्याणकारी

9

जीवन पथ ना सरल

जीवन पथ ना कठिन

मने रचे संसार बसे

मन को करो सरल समरस

समरस जीवन रूप धरे दृष्टि वान

दृष्टिवान मनुष्य रचे शांत संसार

शांत संसार जीव जीवनदायी

10

समय कर्म लक्ष्य ज्ञान का भूखा

जिसने समय की यह भूख मिटाई

अंततः समय ने लौटा दिया उसे अवसर पुरस्कार और संतुष्टि

समय-समय को समकर मनुष्य को समरस किया

समरस मनुष्य ने जीवन का भव पार किया

11

नयन मृग सदृश्य

रंग कृष्ण श्यामल

रूप सौंदर्य चंद्र छवि

मोहिनी मुस्कान। प्रेम मोह

रूप सलोनी हृदय वाश

मिष्ठ ध्वनि कर्णप्रिय

लवण रूप स्वप्न सुंदरी

मन में विराजे, करे हृदय वाश

12

हृदय प्रेम संघर्ष

नहीं राही एक पथ के

सहयोग से पथ में तुम मिले प्रेम से

संघर्ष पथ अनवरत गतिशील

नहीं देता ठहराव

लक्ष्य युक्त दृढ़ इच्छाशक्ति

मंजिल दृष्टिगत जीवन धन्य

13

त्याग है जीवन में अमृततुल्य

त्याग प्रेम का बंधन

त्याग संबंधों की आभा

त्याग विहीन मानव जड़ समान

सो रख त्याग भावना ,

कर जग कल्याण

14

प्रेम रस नौ रसो में है श्रेष्ठ

प्रेम रस दे जीवन को ध्येय

प्रेम मय मानुस करे जग उद्धार

प्रेम ज्ञान बुद्धि बल का करे विस्तार

प्रेम दे जीवन को समरस

प्रेम दे जीवन को सार्थकता

प्रेम मय मानुष सच्चा मानुष

15

घनघोर रात्रि का पतन

विलंब पर प्रभात बेला का उदय

सूर्य गगन में प्रकाशमान

संघर्ष का पटाक्षेप

स्वार्थ संबंधों का अंत

नव वेला गतिमान

नव ऊर्जा का संचार

सूर्य दृश्य प्रकाशमान

16

रिश्तों में रहना ना आया

रिश्तों को ना निभाना आया

रिश्तों की कीमत कीमत लगाना

छोड़ना फिर पकड़ना

फितरत तेरी

जब बिछड़े सदा के लिए तो रोना आया

जब तेरे रिश्ते को खोकर सवर गए तो जीना आया

तब जा के जीवन में अपना सही मुकाम आया

17

संघर्ष में जीवन चक्र

दीया परिणीति

परिवर्तित जीवन चक्र

नवजीवन संचार

जीवन चित्र सुंदर सुखद

सुखद संघर्ष अंत

चित्र शांत मन शांत

आशा अनुरूप घटित संघर्ष अंत

सुखद परिणाम

18

जीवन मार्ग कठिन धरातल

धरातल कटु सत्य युक्त

संबंध मुक्त सरल सहज

मुक्त जीवन मुक्त मन

सदैव गतिशील मार्ग मुक्त

संघर्ष मुक्त सहज युक्त

19

बन कपोत

कर दसोखा साफ

उड़ चला गगन की ओर

भर उड़ान कर गगन विजय

20

मुक्त मुक्त मुक्त भव

जगत मुक्ता मन मुक्ता

बंधन मुक्त विचार मुक्त

मुक्त मन सुख मन भव

21

जीवन की आपाधापी में

सुंदर सा जीवन खो गया

जब जागा तो प्रलय प्रकट हो गया

जीवन में जो सोचा था वह हो गया

जो जीवन में घट गया वह

सोच से परे हो गया

वक्त का इंतजार कर

वक्त कहीं ठहरता नहीं

जो कल था वह आज नहीं

जो आज प्रलय है

वह कल सुंदर जीवनधारा होगी

जीवन सबको सम पर ला देगी

सुंदर स्नेह जब समाज समरूप होगा

आनंद युक्त होगा जीवन सबका सुर मधुर

22

त्राहिमाम त्राहिमाम सर्वत्र व्याप्त

घनघोर विपदा सहे समाज

मनुष्य जगत में है अशांत

करे मंथन और करे विचार

पाषाण युक्त इच्छाशक्ति से

मनुष्य खुद का करे का उद्धार

समय चक्र होगा पुनः गतिमान और होगा

पुनः ज़ीवन सामान्य

त्राहिमाम से मनुष्य होगा विजय सर्व मान

23

गम क्या वक्त को छिनेगा

गम क्या जिंदगी छिनेगा

गम क्या लोगों को परेशान करेगा

गम क्या नया सवेरा देगा

गम क्या जिंदगी को शक्ल देगा

गम क्या तन्हाइयों में लोगों को जिंदगी का मतलब देगा

हां गम नया सवेरा देगा

गम गमगीन होकर खुशी में लबरेज होगा

खुशी सूरज को नयी तपिश देगा

खुशी दुनिया को जन्नत बना देगी

यही खेल गम और खुशी का सदियों से खेला जा

रहा है इसीलिए आदम तू गम जदा ना हो खुशी

आ रही एक लिबास में

24

जीवन गति अनंत अनंत गति जीवन में

जीवन चल चलाएं मान

मन भर माय गति कराएं

मन विश्राम की आस लगाए

मन स्थिर जब हो जाता

जीवन विश्राममय हो जाता

मन विचार शुद्ध कर मनुष्य

मन को सदैव शांत विश्राम में लीन कर

पथ में हो अग्रसर

जीवन की जय कार कर

मन को विश्राम कर

जीवन के विजय पथ पर हो अग्रसर

25

जीवन जीवन होता है

छोटे-छोटे कदमों से

निराशा और आशा से

भूख से तनाव से

हां जीवन देता है जीवन

जीवन अनुभव देने के बाद देता है जीवन

मत हार ना हो निराश

जीवन देता है हार के बाद जीवन

छोटे-छोटे कदमों से जीवन नाप

जीवन छोटा हो या लंबा

जीवन दुख से भरा हो या सुख से

जीवन आखिर अमृत होता

जीवन जीवन होता

26

समय व्यतीत पर नवीन

पुनः समय चक्र गतिशील

कार्य घटित मार्ग प्रशस्त

प्रगति पथ मन स्थिर

लक्ष्य केंद्र संघर्ष अंत

पथ सुगम जीवन सुखद

27

पेड़ बन गया हूं

ना मैं हूं टहनी का ना मैं हूं शाखो का

बढ़ चला आकाश की ओर

थल में जड़े थल से दूर

चंद्र अस्त हो चुका

सूर्य लालिमा संग उगा

आभा मन जागृत

जीवन हुआ प्रकाशमान

28

वर्षा मन भर बरसो

मनभर बरसो वर्षा

वर्षा विस्मृति बूंदे दे स्मृति

स्मृति कर दे मन झंकार

मन झंकार रच दे रसमय जीवन

रसमय जीवनदे अलंकार

29

रच नव कल्पना

रच नव संसार

रच नवीन से नवीनता

रच कलात्मकता कला

जो दे रचनात्मकता को कलात्मकता

कलात्मकता दे अद्भुत ज्ञान

जो ज्ञानात्मक से उदय हो नव संसार

30

मुक्त मन मुक्त गगन

बंधन मुक्त संघर्ष मुक्त

मन विचार कर्म मुक्त

मुक्त मनुष्य जीवन्त मनुष्य

31

मधु मोहिनी मधुर रूप

मनमोहन मन चंचल

नयन अविराम गति कल्पना

दृश्य रूपहीन प्रकाश वान

32

विचार शून्यंता जीवन लक्ष्य

कर्म मुक्ति मार्ग मुक्त

लालसा मुक्त जीवन मुक्त

जीवन धेय शून्य गति

मार्ग भ्रम मिथ्य जगत

शून्य शून्य शून्य मय

33

सहज सुविचार स्थिर चित्त

जो देता ज्ञान युक्त निर्णय

सहज विराम ले गति से

सहज जीवन के पल

सहज पल देंगे यथार्थ युक्त परिणाम

परिणाम देगा समय युक्त स्वप्र साकार

34

शांत सरल मन तरंग

निर्भीक गतिशील दिशा मुख

अडिग अविरल अविचलित

साधे मन घटित स्वप्न

35

खड़े भुवन के शिखर पर

त्याग सघार्ष से मिला

भेद खड़ा लक्ष्य पर

मस्तक प्रकाश युक्त

36

ना हम प्रेम में पथिक राही

ना हम मोह पाश युक्त

हम गतिशील पथिक

जो लक्ष्य पूर्ण युक्त

37

अंततः भेद लक्ष्यजीवन कर सफल

मिला मूल्य जीवन का

सफल जीवन मस्तक मणि युक्त

38

हृदय गति जीवन गति

मन गति विचार गति

गति मय सब संसार

गत हीन हो मन तब मिले संसार

39

धैर्य से ले काम

विचारों को दे विराम

प्रकृति पर कर भरोसा

प्रकृति देगी वस्तुस्थिति ज्ञान

40

ज्ञान देवी की कृपा से

सिद्ध हुआ कार्य जीवन

कर रहा प्रतीक्षा

शीघ्र हो शुभ कार्य प्रकट

जीवन को सार्थक मंगल

41

तने तने क्या जीवन

तने से जीवन टूट

जो मन निर्मल सो कियो

तो जीवन अमृत होय

42

: थम जरा ,रुक जरा

ठहर जरा, संभल जरा

आदमी वक्त है कठिन

दर का दामन थाम

दर पर रहेगा तो

दर कर देगा समय पार

समय गया तो बात गई

तब नव कोपल फूटेगी

नवजीवन नवकल्पना जागेगी

थम जरा ,रुक जरा

43

कम होने का आभास हुआ

विपत्ति तेरा नाश हुआ

मानव जीवन फिर जागेगा

रण जीवन में फिर नाचेगा

बागों में फिर फूल मुस्कुराएंगे

चिड़ियों से गगन भर जाएगा

कल का सूरज आदम जीवन को चमकायेगा

मानव फिर से मुस्कुराएगा

44

न मन न तन

जीवन सहज ले

रूक थम ले विराम

समय कर व्यतीत

थम गया तो जीत गया

जीवन और संसार

45

मेरे तेरे मन की व्यथा

व्यर्थ न जाएगी

आएगा वक्त

व्यथा कथा में बदल जाएगी

पुनः सुंदर सृजन होगा

तू फूल सा मुस्कुराएगा

दिशाएं होगी गुंजन मान

व्यथा कथा में बदल जाएगी

46

मुसाफिर हूं पर

मंजिल का पता नहीं है

सफर में चला जा रहा हूं

दर्द और गम को भुलाए जा रहा हूं

खुश हूंऔर खुशियां को बंटते जा रहा हूं

जो है वह जी लो

जिंदगी को पीलो

मुसाफिर हूं पर

मंजिल का पता नहीं है

47

कहीं पर पड़ रही है ठंड

कहीं पर गर्मी का है उफान

पर है वक्त का इंतजार

जब मौसम हो सामान्य

48

देखो लय प्रचंड आंधी की

ले उड़ी अभिमान अहंकार

मानव जीवन जीने को कर रहा संघर्ष

बन बालक कर रहा है करुण पुकार

करेगी प्रकृति क्षमादान

देगी नवजीवन का वरदान

49

तने तने क्या जीवन

तने से जीवन टूट

जो मन निर्मल सो कियो

तो जीवन अमृत होय

50

ना यादें न बातें

सब गुम हो गई

जीवन की इस आपाधापी में

संघर्षरत समाज कर रहा जतन

देख सके फिर से उगता सूरज

सब कुछ होगा फिर से निराला

हम तुम सब बैठे

कर रहे होंगे जीवन में फिर से तमाशा

51

किताबे कागज पेन धूप

सुंदर बहुत चमकदार

लिख रहे अतीत वर्तमान भविष्य

जो मन में ले आशा तरंग

मथ कर निकले अमृत धारा

जो हो सुंदर सजल भाव

समय प्रतीक्षा परिवर्तन

धैर्य संग चले मान

गति मत अवरुद्ध हो

चले जीवन गतिमान

52

स्मृति स्मृति स्मृति

विस्मृति विस्मृति विस्मृति

बाल रूप बाल मन कर

विस्मित कर सब क्रिया गत

निर्मल मन उज्जवल प्रखर

पुनः उच्च आत्म बल

दे रहा लहरों को चुनौती

पुनः उड़ चला गगन की ओर

अभिलाषा पूर्ण जीवन सफल

53

लफ्जों में जो बयां ना हो सका

कलम की लकीरों में समा गया

हम फिर भी तंहा रह गए

लफ्जों को बयां ना कर सके

54

धूप की रोशनी में

चिड़ियों की चहचहाहट में

फूलों की महक में

नदियों की कोलाहल मे

दिखती छाया तुम्हारी

55

कोई तो बात है

जो आंखों में निखार लाई

कोई तो बात है

जो होठों पर मुस्कुराहट लाए

कोई तो बात है

चेहरों में चमक लाई

कोई तो बात है

जो तुम्हें खुशी से लबरेज कर रहे हैं

कोई तो बात है

तुम्हारी खुशी में हमारे गमगुम हो गए

यही बात है

जो हम खुश हो गए

56

हमारी यादें तुम्हारी यादें

वजह जिंदगी में खुश रहने की यादें

वक्त का पहिया थामे ये यादें

भूत भविष्य तय करती ये यादें

बस ये यादें और ये यादे

57

जीने की वजह

यादों का एक लम्हा

क्योंकि जिंदगी ही है लम्हा

जिंदगी ही है लम्हा

लम्हा ही है जिंदगी

5 8

ज़ख्मे रूह

खता गर खता ना हो

फिर भी जिंदगी खता कर जाए

तब जिंदादिली जिंदगी क्या

59

खड़ा लक्ष्य के करीब

सूरज की तपिश हो रही महसूस

फिर भी कुछ है अधूरा सा

शून्य सा बना हुआ

60

ना आशा किसी संग की

ना आशा किसी भौतिक सुख की

जीवन केवल लक्ष्य केंद्रित

लक्ष्य समीप आलिंगन को तैयार

जीवन पथ लक्ष्यमुक्त

सतत प्रयास सुखद अंत

61

जीवन कर्म गति अभ्यास पूर्ण

कर रहा कलात्मक रचना कार्य

जीवन गति पूर्ण

शांत सरल समय चक्र चलायमन

62

सूर्य स्वयं जल रहा

कर रहा प्रकाश

दे रहा तेज

जीवन को कर रहा पल्लवित

यह खेल निराला

यही मूल मंत्र जीवन का

63

अभी और गुजारना है

मंजिल है नजदीक

बेमौसम बरसात जारी है

खड़े किनारे सड़क देख रहे दर अपना

कब होगा मिलन लग रहा है एक सपना

64

मनुष्य कर कर्म

ना संशय धारण कर

मिटा जीवन लक्ष्य पर

मुक्त सफल मन

65

सर्दी का यह बेबाक पन

सर्द हवाएं दे रही दस्तक

हाथों में यह प्याली चाय की

तन मन को दे रही राहत

66

स्नेह प्रेम का बंधन

जग में नेह कि यह डोर

जीवन में जब यह उतरे

कुंदन सा जीवन होय

67

मधु मोहिनी मधुर रूप

मनमोहन मन चंचल

नयन अभिराम गति कल्पना

दृश्य रूपहीन प्रकाश वान

68

घनघोर तूफानों में

थामी है तेरी प्रेम की डोर

दे ही जीवन जीने का जोश

कर रही अद्भुत रचना

जो देगी जीवन को संरचना

69

वेदना पीड़ा संवेदना

अवरुद्ध कोशिश प्रयत्न

संघर्षरत मानव समाज

पुनः धारा हुई प्रवहमान

अल्प समय थम

उपरांत होगा नवसृजन संसार

70

समय गया जीवन बीता

दिशा दी गर्म थपेड़ों ने

मान अपमान से ऊपर उठा

कर आत्मनिर्भर कर्म प्रयत्न

पाया मंजिल मिला लक्ष्य

71

शांत हो रही गर्म हवाएं

हृदय मन पर कर गई मार्मिक प्रहार

चिन्ह प्रहार के दिख रहे समाज पर

परंतु मानव जाति पथ पर पुनः अग्रसर

पुनः कर नवनिर्माण जी नव संसार

सुप्रभात

72

बाकी सब मन का भ्रम है

ठहर गए तो तुम जीत गए

ना वक्त आता है ना जाता है

कर्म प्रतिदिन प्रतिफल दे जाता है

वक्त के पीछे मत भाग

वक्त हर पल वक्त आता है

जो जान गया सो जीत गया

बाकी सब मन का भ्रम है

अल्पविराम बीत गया

रणभेरी ने नाद किया

अब स्वप्न साकार होगा

सार्थक जीवन रूप धरेगा

74

सहज सुलभ मन कर

मत कर अहम अहंकार

क्षण भंगुर जगत संसार

विनम्र प्रेम धारण कर

कर जगत कल्याण

75

एकाकी जीवन एकाकी दौड़

एकाकी रस एकाकी संघर्ष

एकाकी लक्ष्य एकाकी मंजिल

एकाकी मार्ग एकाकी विजय

रचना आशुतोष

76

मीठी बोली मीठी भाषा

रस मय सुर मय संगीत दाता

सुर से सजे तन मन

तो हो रस मय जीवन

77

अनंत काल से मानव है गतिशील

अनंत काल तक रहेगा मानव गतिशील

बीते हृदय विदारक दृश्य

पुनः हो गतिशील क्रियाशील

कर मानव पुनः सृजन संसार

78

घट के बाहर दुख है

घट के अंदर सुख

ना कुछ मिला है ना कुछमिलता

बस मन का संसार है

जो मन में बसता

रचना आशुतोष   1

 वाह रे तकदीर

तेरे तरफ देखा

तूने मुंह फेरा

मैंने तुझे छोड़ा

तूने नाता जोड़ा

79

 आंधी के झोंके

इश्क के अल्फाज

बड़े खतरनाक हैं

एक जिस्म को उड़ा ले जाता है

और एक रूह को

80

ना यह जहां चाहिए

 ना वह जहां चाहिए

बस दिल में दो पल

सुकून के चाहिए

81

वक्त खत्म हो गया

इशारों से बात करने का

अब हाथ थाम लो

हम दरिया पार करने वाले हैं

82

लम्हे यादों में

लफ्ज़ किताबों में

कैद होकर रह गए

83

तेरे होठों से निकले लफ्ज़

तेरे चेहरे की रंगत

से मेल नहीं खाते

पर तेरी आंखें

सब कुछ बोल जाती है

तेरे होठों से निकले

लफ़्ज़ कह नहीं पाते

84

दिल ए इश्क ने ऐसा सिला दिया
ना मैं रहा ना मेरा वजूद रहा

85

जिंदगी में
तन्हाई का आलम यै है
दर्द हमारे लबो आ कर
बेमानी हो गए

86

ख्वाइशें दिल में तमन्ना
ले रही हैं फिर उफान
फिर सजी उम्मीदों की लड़ी
जो लेने जा रही अपनी उड़ान

87

बहुत चल चुका
ठहर जा
तू मंजिल पर ही खड़ा

अब कहां चला

88

दोस्ती में चाहना
फितरत ना थी मेरी
फिर तुम मिल गए
फितरत बदल गई मेरी

89

तेरे साथ भी कोई गम ना था
तेरे बिना भी कोई गम ना है
यह दुनिया है जनाब
यहां किसी को किसी के लिए
जहां गमजदा होने का लम्हा भी ना है

90

खता हो तो भी नाराज हो
खता ना हो तो भी नाराज हो
खता ही नाराजगी है
या नाराजगी ही खता है

91

तेरे इश्क की इनायत को

हम ना समझ सके

अपनी दिल की नादानी से

तेरा रूठना भी बहाना था

हमें मनाने को

92

मैं याद करतां हूं

अब तुम भी याद करते हो

खोजते हो मुझे यहां वहां

इशारों और इशारों में बात करते हो

93

ख्वाबों की परवाज

देती है जिंदगी को रफ्तार

जब खूबसूरत शक्ल लेती है तकदीर

तब लेती है मंजिल शक्ल अख्तियार

94

यादों को लफ्जों में पिरो कर

चांदनी रातों में तारों के बीच

मेरी निगाहें खोजती हैं
तेरी आंखों के अक्स को

95

दोस्ती में चाहना
फितरत ना थी मेरी
फिर तुम मिल गए
फितरत बदल गई मेरी

96

निगाहे ढूंढती है वो मंजर
जब तुम चहका करते थे
तब होता था वह समा
जब हम हम तुम तुम ना होते थे

97

उनके रूठने की अदा
बड़ी शायराना है
इसलिए दिल का इश्क
बड़े किफायत खर्च कीजिए
अगर वह रूठ गए
यह तय शुदा है जनाब

फिर आप शायर ही होंगे

98

बात ही बात में
यह बात निकलकर आई
वो राते ही क्या
जिसमें तेरी बातें ना हो

99

जिंदगी है जनाब
गुजारते चलिए
जिसका साथ मिले
 निभाते चलिए
वक्त किसी के लिए
ठहरता नहीं
 इसलिए गुजरते हुए
वक्त के साथ
 चलते चलिए
सुख-दुख तेरा मेरा
सब खेल है
इस खेल से बचकर

जिंदगी में आगे बढ़ते रहिए

100

वक्त गया थोड़ा और वक्त जाने दे
जब मै मंजिल पर खड़ा
तो थोड़ा सुकून से जी जाने दे

101

लफ्जे ए प्यार
हकीकते ए प्यार
एक दिल जीत लेता है
और एक जहां

102

अजीब दास्तां है हमारी
पास पास से है खफा वो
दूर-दूर से खुश होते हैं
बातें सुनकर हमारी
एक होकर भी है
जुदा राहे हमारी

103

बड़ी अजीब सी बात है ये

जिन रास्तों से हम गुजर चुके हैं

अब वो उन रास्तों से गुजर रहे हैं

यह कौन सी मजबूरी है

हमारे चले हुए कदमों में अब वो

अपने कदम मिलाकर चल रहे हैं

104

बातें मेरी निशब्द हैं

यादें तेरी शब्द हैं

गुण रहस्य है

ये जीवन का

शब्द हीन दृश्य है

104

राहों की कशिश

मंजिल की चाह

इस क़दर जिंदगी

मे है की

ना हम है

ना हमारे ख्वाब है

106

बातें ऐसी की दिल ललचाए

हकीकत ए जिंदगी

हालाते गुब्बारे सा

रुक जा थम जा

देख ले फिजाओं को

वक्त तेरा है तेरा ही रहेगा

107

यह दिल दिल है जनाब

जहां जज्बातों की कदर होती है

वो दिमाग है जनाब

जहां जज्बातों की नहीं

कागजातों की कदर होती है

108

: कोई बात तो है

जो तुम मुझे

भुला ना सका अभी तक

इसीलिए तेरे दिल में

कोई दूसरा ना घर

बना सका अभी तक

109

ये नम आंखें बिखरी जुल्फें

क्यों गुमसुम उदास से बैठे हो

क्या फिर किसी को दिल से

आज याद कर बैठे

110

आज भरी महफिल में उन्होंने

यह जहमत क्यों उठाया

सालों बाद उनकी जुबां पर

मेरा नाम आया

111

खूबसूरत सा समा है गुलाबी सा जहां है

दर्द के दस्तक में भी लोगों में हौसला जवाहै

112

पैसा नहीं तो प्यार नहीं

पैसा नहीं तो दोस्त नहीं

पैसा नहीं तो ये

जमाना तुम्हारा नही

और पैसा नहीं हमें तुम्हारे

घर आना जाना नहीं

113

मैं चला लम्हे संग,

और लम्हा चला मेरे संग

पर तू नहीं था लम्हों में मेरे संग

, क्योंकि लम्हा था केवल लम्हों के संग

114

सर्द हवाओं के झोंकों में

अजीब सी महक समाई है

फिर भीनी भीनी सी

आज तेरी याद आई है

115

तू गुस्से में कितना हसीन लगता है

जितना ये चांद बादलों

के बीच लगता है

116

थोड़ा बवंडर तो आया ह

साथ इलाज मर्ज का लाया है

चलो दुनिया होगी फिर से खूबसूरत

फिर दुनिया में चाहकने का मौसम आने वाला है

117

तू मेरे दिल की हाल पूछे,

तो मैं बयां करूं कुछ इस तरह कि,

तू गुस्से में कितना हसीन सा लगता है,

जितना ये चांद बादलों बीच,

खूबसूरत सा लगता है ।

तू जिंदगी की अपनी रफ्तार बढ़ा,

क्योंकि मैं तुझसे पिछड़ा ना चाहता हूं,

क्योंकि मैं जिंदगी की रेस में ,

तुझ से हार जाना चाहता हूं ।

तू फिक्र मत कर मेरी ,

मैं बहुत खुश हूं यहां,

क्योंकि मेरा साया ही ,

मुझसे बात करता है यहां

बस दुख इस बात का है कि

आज भी मेरी यादों में भी

तेरा साया ही मौजूद रहता है यहां

118

बातें और ये बातें

रातें और ये रातें

सर्द मौसम में

जलती हुई आग में

तपती हुई तेरी यादें

बातें और ये बातें

रातें और ये रातें

गुनगुनी चाय में

मीठी सी तेरी यादें

बातें और ये बातें

रातें और ये रातें

सर्द हवाओं मे

भीनी भीनी सी तेरी यादें

बातें और ये बातें

रातें और ये रातें

119

कभी बातों में बसे कभी यादों में बसे कभी रातों में बसे कभी
सांसों में बसे

जीवन के हर पहलू में सिर्फ तुम ही

बसे बसे और सिर्फ तुम ही बसे

120

ठंड से ठिठुरती हुई रात,

पानी की बूंदों से छनछनती हुई रात,

सर्द हवाओं से सन सनती हुई रात,

और तेरी यादों में महकती हुई रात,

121

पूछिए मत कि जिंदगी में

कितने मुकाम आए

लोग मिलते रहे रुकते रहे

अपने घरौंदे बनाते रहे

मैं ख्वाहिशों को लेकर

मंजिल के सफर पर ही चलता चला

122

तेरे जज्बात को मैं समझता हूं

तेरे इरादे को भी मैं समझता हूं

बस कुछ वक्त की बात रह गई है

थोड़ा सा सब्र तू कर ले

फिर मैं अपने सपने के साथ

तेरे शहर में फिर कदम रखता हूं

123

समय नहीं अनुकूल है

वक्त प्रतिकूल है

इंतजार करो परिवर्तन का।

फिर खिलो फूल सा महको इत्र सा

रचना आशुतोष

124

ऊंचे सपने कठोर धरातल

गर्म धूल भरी आंधी

आशा निराशा से भरी जिंदगी

मत छाया बनी मेरी

सम हो सरल हो

शुरू करो नवजीवन

नव कल्पना नव धरातल पर

सपने बहुत मीठे होते हैं

जीवन बहुत कड़वे होते हैं

छोटे-छोटे कदम चल

ना छाया बन मेरी

तू शुरू कर नव जीवन शैली

125

वाह रे तकदीर

तेरे तरफ देखा

तूने मुंह फेरा

मैंने तुझे छोड़ा

तूने नाता जोड़ा

रचना आशुतोष

126

आंधी के झोंके

इश्क के अल्फाज

बड़े खतरनाक हैं

एक जिस्म को उड़ा ले जाता है

और एक रूह को

127

ना यह जहां चाहिए

ना वह जहां चाहिए

बस दिल में दो पल

सुकून के चाहिए

रचना आशुतोष

128

वक्त खत्म हो गया

इशारों से बात करने का

अब हाथ थाम लो

हम दरिया पार करने वाले हैं

129

लम्हे यादों में

लफ्ज़ किताबों में

कैद होकर रह गए

रचना आशुतोष

130

तेरे होठों से निकले लफ्ज़

तेरे चेहरे की रंगत

से मेल नहीं खाते

पर तेरी आंखें

सब कुछ बोल जाती है

तेरे होठों से निकले

लफ्ज़ कह नहीं पाते

131

दिल ए इश्क ने ऐसा सिला दिया

ना मैं रहा ना मेरा वजूद रहा

132

जिंदगी में

तन्हाई का आलम यै है

दर्द हमारे लबो आ कर

बेमानी हो गए

133

ख्वाइशें दिल में तमन्ना

ले रही हैं फिर उफान

फिर सजी उम्मीदों की लड़ी

जो लेने जा रही अपनी उड़ान

134

बहुत चल चुका

ठहर जा

तू मंजिल पर ही खड़ा

अब कहां चला

134

दोस्ती में चाहना

फितरत ना थी मेरी

फिर तुम मिल गए

फितरत बदल गई मेरी

135

तेरे साथ भी कोई गम ना था

तेरे बिना भी कोई गम ना है

यह दुनिया है जनाब

यहां किसी को किसी के लिए

जहां गमजदा होने का लम्हा भी ना है

136

खता हो तो भी नाराज हो

खता ना हो तो भी नाराज हो

खता ही नाराजगी है

या नाराजगी ही खता है

137

तेरे इश्क की इनायत को

हम ना समझ सके

अपनी दिल की नादानी से

तेरा रूठना भी बहाना था

हमें मनाने को

138

मैं याद करता हूं

अब तुम भी याद करते हो

खोजते हो मुझे यहां वहां

इशारों और इशारों में बात करते हो

139

ख्वाबों की परवाज

देती है जिंदगी को रफ्तार

जब खूबसूरत शक्ल लेती है तकदीर

तब लेती है मंजिल शक्ल अख्तियार

140

यादों को लफ्जों में पिरो कर

चांदनी रातों में तारों के बीच

मेरी निगाहें खोजती हैं

तेरी आंखों के अक्स को

141

दोस्ती में चाहना

फितरत ना थी मेरी

फिर तुम मिल गए

फितरत बदल गई मेरी

142

निगाहे ढूंढती है वो मंजर

जब तुम चहका करते थे

तब होता था वह समा

जब हम हम तुम तुम ना होते थे

143

उनके रूठने की अदा

बड़ी शायराना है

इसलिए दिल का इश्क

बड़े किफायत खर्च कीजिए

अगर वह रूठ गए

यह तय शुदा है जनाब

फिर आप शायर ही होंगे

144

: बात ही बात में

यह बात निकलकर आई

वो राते ही क्या

जिसमें तेरी बातें ना हो

145

जिंदगी है जनाब

गुजारते चलिए

जिसका साथ मिले

 निभाते चलिए

वक्त किसी के लिए

ठहरता नहीं

 इसलिए गुजरते हुए

वक्त के साथ

चलते चलिए

सुख-दुख तेरा मेरा

सब खेल है

इस खेल से बचकर

जिंदगी में आगे बढ़ते रहिए

146

वक्त गया थोड़ा और वक्त जाने दे

जब मै मंजिल पर खड़ा

तो थोड़ा सुकून से जी जाने दे

147

लफ्जे ए प्यार

हकीकते ए प्यार

एक दिल जीत लेता है

और एक जहां

148

अजीब दास्तां है हमारी

पास पास से है खफा वो

दूर-दूर से खुश होते हैं

बातें सुनकर हमारी

एक होकर भी है

जुदा राहे हमारी

149

बड़ी अजीब सी बात है ये

जिन रास्तों से हम गुजर चुके हैं

अब वो उन रास्तों से गुजर रहे हैं

यह कौन सी मजबूरी है

हमारे चले हुए कदमों में अब वो

अपने कदम मिलाकर चल रहे हैं

150

बातें मेरी निशब्द हैं

यादें तेरी शब्द हैं

गुण रहस्य है

ये जीवन का

शब्द हीन दृश्य है

151

राहों की कशिश

मंजिल की चाह

इस क़दर जिंदगी

मे है की

ना हम है

ना हमारे ख्वाब है

152

बातें ऐसी की दिल ललचाए

हकीकत ए जिंदगी

हालाते गुब्बारे सा

रुक जा थम जा

देख ले फिजाओं को

वक्त तेरा है तेरा ही रहेगा

रचना आशुतोष

153

यह दिल दिल है जनाब

जहां जज्बातों की कदर होती है

वो दिमाग है जनाब

जहां जज्बातों की नहीं

कागजातों की कदर होती है

154

कोई बात तो है

जो तुम मुझे

भुला ना सका अभी तक

इसीलिए तेरे दिल में

कोई दूसरा ना घर

बना सका अभी तक

155

ये नम आंखें बिखरी जुल्फें

क्यों गुमसुम उदास से बैठे हो

क्या फिर किसी को दिल से

आज याद कर बैठे हो

156

आज भरी महफिल में उन्होंने

यह जहमत उन्होंने क्यों उठाया

सालों बाद उनकी जुबां पर

मेरा नाम आया

156

तेरा खयालों में आना

तेरा नजरों को झुकाना

तेरा यूं मुस्कुराना

तेरा शुक्रगुजार हूं मैं

मेरे गम को भुला ना

तेरा मेरी जिंदगी को महकना

157

तेरे चेहरे पर जो तिल है

उसने दिल में जो ण घाव दिए

उसमें दर्द कम सुकून ज्यादा है

158

अजीब हाल है

इश्क के इम्तिहान का

जिसमें सब कुछ हार के

जीत होती है

159

मन है चंचल

डगमग डगमग चलता

रहो अडिग लक्ष्य पर

एक सार है जीवन का

मन जले लक्ष्य मिले

160

लोगों को देखोगे

लोगों से चलोगे

अकेले चलोगे तो

मिसाल बनोगे

161

जो मिला बहुत मिला

बहुत मिला

जो है वह

वक्त की बात है

162

नजरों का खेल

जब दिलों का खेल बन जाए

तो कामयाबी की घड़ी भी

वक्त से पहले आ जाए

163

यह रंजो गम में

इस बात का

नहीं है कि
हम तेरे महफिल
में नहीं है
रंजो गम इस बात का है
तुम मेरे महफिल में
नहीं हो

164

मैं मंजिल का राही
चला जा रहा अकेले
मुफलिसी है जेबों से
पर मालदार हूं
जज्बे से तो

165

यह जीवन रण है
मोह माया त्याग
थोड़ा हो स्वार्थी
कार्य देख
कार्य लक्ष्य

कार्य सिद्ध

यही जीवन मंत्र है

166

इश्क का ये

कैसा सिला मिला

बिखरा टूटा अन्दर सा मैं

उस पर रुठा सा तू

मैं दर्द में डुबा सा मैं

उस पर बेदर्द सा तू

बेकरार सा मैं

और उस पर

अधूरी सी दुआ सा तू

167

तुझसे दिल लगी में

दिल की लगी लग गई

यह लगी जिंदगी में ऐसी लगी

कि तू जिंदगी से अब निकल गई

168

क्यों दे रहे हो

दिल की जुल्म की सजा

जरा हाल हमारा

भी पूछो की

तेरी दिल्लगी में

क्या दिल्लगी की

कि दिल की लगी में

ऐसी लगी कि

दुनिया भूली

बस तू याद रही

169

डूबना चाहा तेरे प्यार में

पर डूब गए कला में

170

इश्क अजीब सी फितरत है जनाब

या तो दिल का दरिया बहता है

या तो आंसुओं के सैलाब

171

फिजा में अजीब सी महक समाई है

लग रहा है तुझे मेरी फिर से याद आई है

172

तेरे मेरे दिल का

कैसा बेनाम सा रिश्ता है

जिसमें ना वफा है

ना बेवफाई है

173

रात के अंधेरे में

चांद की रोशनी में

अजीब सी पहेली

है ये जिंदगी में

की ये मेरा साया है

कि तेरी छाया है

174

मैं बादल सा तू हवाओं सा

सो मै हर पल बहता तेरे संग

175

तेरी आंखों का का काजल

गजब का कहर ढा रहा है

जमाने में देखो हर किसी का

दिल बेकाबू हो जा रहा है

176

आ भी बटोर रहा हूं

दिल के टुकड़ों को

जबकि तेरा जाना

गुजरा जमाना हो गया

177

अंधेरी बादलों के बीच

जब रोशनी की किरण फूटी

देखके दिल को सुकून आया

हम रास्ते में नहीं मंजिल पर खड़े हैं

178

इश्क की खता

खता ही क्या

जो खता ही ना हो

पर इश्क की खता पर

उनका रूठना

इस कदर रूठना की

रूठने पर ही दिल आ गया

179

अजीब इत्तेफाक है जनाब

सुर्ख लाल किताब के बीच

सूखी गुलाब की पंखुड़ियां मे

आंसू के दो बूंद पड़ते ही

पंखुड़ियां फिर से हरी हो गई

180

अब हम क्या अंदाज ए बयां करे

अपनी जिंदगी के अफसाने का

हमारे प्यार का अफसाना भी

तेरी खूबसूरती अफसाने सा खूबसूरत है

181

उनका दिल से जाना क्या सौगात दी गई

अपनी जिंदगी फिर से आबाद हो गई

182

दुनिया ने हमारे दिल की बेकद्री कर

रूह में सफा पैदा कर दिया

हमें जज्बातों का कदरदान बना दिया

183

जिंदगी को जिंदगी की

तरह लीजिए जनाब

यह ना मोहब्बत न पैसों

ना रिश्तो के लिए रूकती है

थोड़ा मुस्कुराइए

थोड़ा खिल खिलाइए

थोड़ा चहेकिए

थोड़ा महकीए

क्योंकि यह जिंदगी है

जिंदगी को जिंदगी की

तरह लीजिए जनाब

184

हसरतें कुछ इस तरह से बिखरी

ता उम्र निकल गई समेटते समेटते

185

तलब तुम्हें पाने की नहीं

तलब मंजिल को पाने की है

क्योंकि जज्बा ए जिंदगी

तुम्हारे दिलकश मोहब्बत से ज्यादा

हमारे दिल में शिद्दते मंज़िलो की है

186

सालों की कशमकश के बाद

जिंदगी में बड़ा खूबसूरत सा

मंजर आया है

हाथों में जाम तो आया है

पर अभी पीने का वक्त नहीं आया है

187

बड़े दिनों के बाद

रोशनी जहां में फैली है

तेरा ना आना है

पर दिल से चले जाना

जिंदगी में खुशगवार

मौसम का आगाज दे गया

188

तेरा ना आना है

पर दिल से चले जाना

जिंदगी में खुशगवार

मौसम का आगाज दे गया

189

कभी अपने लबो से

सुनाती थी तुम

हाले ए दिल अपना

आज भी सुनता हूं

हाले ए दिल तेरा

रात के सन्नाटे में

अपने धड़कते दिल के

आवाजों में

190

छोड़ दिया मन के घोड़े

अब चैन से रहने दो

जिनको बांधना हवाई किले

होने बेचैन रहने दो

191

सपने जो है सारे

बचपन के हैं हमारे

जब टूटते नहीं सपने

टूटते हैं दिल हमारे

192

तेरे दिल तोड़ देने से मैं हताश नहीं हू

तू वफा दिल की कीमत क्या जाने

बेवफाई में गुजरी है जिंदगी तेरी

लोग कहते थे चाक पर रख दे दिल

पर वफा ना कर उससे

पर मैंने चाक दिल रख के

तेरी बेवफाई ले ली

193

तुम्हारी आदा ऐसी जैसी बेरुखी हो हमसे

पर निगाहें बता देती हाले दिल तुम्हारा

जहां में ढूंढती फिरती हो हाले दिल हमारा

194

अब तेरे आने का कोई फायदा नहीं

सब कुछ लुटा के मणि तो पा गया

पर मेरे पास अब घरौंदा नहीं

195

तेरी आंखों की कशिश

इस कदर छा गई मुझ पर

कि चांदनी रात ये तारे

तेरी आंखों से खूबसूरत लग रहे हैं

196

दुनिया में जब सुने तेरे बेवफाई के किस्से

फिर तपते हुए सूरज को देखा

तो समझा क्यों आए तुम मेरे हिस्से

198

ना कर इंतजार

करलक्ष्य पर प्रहार

होगा बाण बेकार

पर मत कर वक्त बेकार

199

सब कुछ लुटा चुका

तुझे पाने के लिए

कुछ फर्क भी नहीं पड़ेगा अब

तेरे चल के आने पे

200

दुःख दुखी होकर बोला
सारे जहां में भटकते-भटकते
तेरे पास आया
तू ही तो अपना सा है
बाकी सब बेगाने से लगते हैं

201

एक लफ्ज़ झूठ का ही सही
बोल दे मेरे ही लिए
वह लफ्ज़ ही बन जाएगा
जिंदगी का फलसफा मेरे लिए

202

तेरी आंखों की खूबसूरती की
कशिश इस कदर छाई मुझ पर
एक जमाना गुजर गया
जिंदगी का खुमारी में

203

अजीब सा शख्स देखा मैंने
ना फिक्र जहां की ना खुद की
वो शख्स लापरवाह बहुत था

पर उसे बहुत परवाह थी तेरी

204

उड़ने दो मुक्त गगन में

क्यों सामाजिक बंधन में बांधते हो

तुम चलते हो नियम से

मुझे चलने दो नियम से विमुख

सपने जो हो पूर्ण होने दो

मुक्त हू मुक्त रहने दो

205

छोड़ दे दूं मैं ख़वाब आसमानों का।

और चलने लगूं जमीन पर

बस मुश्किल है ये जमी वाले

ना चलने देंगे जमीन पर

रचना आशुतोष

206

फूल खिले बागों में

खूबसूरत सा पल आया है

जीवन में अब जाकर

स्वर्णिम युग आया है

207

चलो पुनः शुरू करते हैं रुके वक्त को

वक्त के साथ वक्त सा बन कर

वक्त सा गतिशील हो जाते हैं

चलो पुनः शुरू करते हैं रुके वक़्त को

ना आशा किसी की मदद की

ना चाह किसी के सहयोग का

चलो पुनः शुरू करते हैं रुके वक्त को

वक्त की बात है और वक्त का साथ है

क्षणिक वक्त सा रह गया है स्वप्न मेरा

चलो पुनः शुरू करते हैं रुके वक्त को

208

आज फिर वो सपने में आने वाला है

आज दिल फिर ठोकर खाने वाला है

209

कोई एक वादा तो करो हमसे

हम एक वादे पे सारी

जिंदगी गुजार देते है

210

अजब सा फसाना है जिंदगी का

क्या मुसीबत है दिल को दिल से लगाने का

प्यार भी हमी करें उदास भी हमी ही रहे

211

अपना ग़म सीने में छुपाये रखा

महफ़िल में माहौल बनाए रखा

देखते हैं जिंदगी क्या नतीजा देती है

जो ग़म सीने में छुपाए रखा

212

लाबदो से भरी दुनिया

लाबदो का जमाना है

ओढा हर शख्स लबादा है

तुम्हें चलना होगा अकेले

अगर नहीं ओढना लाबदा है

213

हमारे दिल की पैमाइश

उन्होंने कुछ ऐसे की

दर कदर जज्बातों की की

और पैमाइशे दौलतो की

214

मेरी किस्मत में नहीं थी तुम

तेरी यादों के संग

गुजारा कर रहे हैं हम

रचना आशुतोष

215

बड़ी खूबसूरत सी शाम थी

सागर किनारे तू मेरे पास थी

216

अलविदा ए शहर

अगर वक्त ने साथ दिया

तो फिर मुलाकात करेंगे

नसीब होगा जहां

नुमाइशे वहां करेंगे

जिंदगी को गम से

लवरेज नहीं होने दे

खुशी का तमाशा किया है

 खुशी का तमाशा ही करेंगे

वक्त ने साथ दिया तो

 फिर मुलाकात करेंगे

अलविदा ए शहर

217

आदमी बिकता है बाजार में

कहीं मोल से कहीं तौल से कहीं बोल से

आदमी आदमी नहीं है खड़ा है

 एक वस्तु सा बाजार में

आदमी बिकता है बाजार मे

कहीं मो ल से कहीं तोल से कहीं बोल से

आदमी चाहिए दाम लगा लो चाम का

क्योंकि आदमी मजबूर है दाम का

आदमी बिकता है बाजार में

कहीं मोल से कहीं तोल से कहीं बोल से

आदमी आदमी नहीं है चल रहा

वस्तु सा इस समाज में

आदमी बिकता है बाजार में

कहीं मोल से कहीं तोल से कहीं बोले से

217

बंधन मुक्त जीवन मुक्त

एक लक्ष्य सर्वश्रेष्ठ लक्ष्य

आशा सदैव परिवर्तित निराशा में

ना कर आशा कर प्रयत्न

पराधीनता सदैव कष्टकारी

बंधन मुक्त जीवन मुक्त

218

हालाते कशमकश इस तरह है

की वो बे कदर है तेरी नजरों में

जिनकी नजरों में कदर है उसकी

वह दुआ मांग रहे हैं उसे पाने की

219

अब ना वजूद ए फरियाद ही रही

ना तमन्ना मोहब्बतें खास की रही

अब हम मुकम्मल लिबास में आ गए

तो यह दुनिया मेरे बेकाम की हो गई

220

जिंदगी में मिला सब कुछ

फिर भी मिला नहीं सब कुछ

अजीब सी दास्तां है जिंदगी की

की दास्तां है तो जिंदगी की

फिर भी दास्तां नहीं है जिंदगी की

221

मंजिल से चलकर अब

मंजिल पर ही जाना है

सालों साल भटकता रहा

चलता रहा लंबे रास्ते में

वक्त ऐसा घूमा कि

वक्त ने घुमा कर

खड़ा कर दिया फि

रास्ते की शुरुआत में

पर अब रास्ता

इतना लंबा नहीं है

मंजिल से चलकर

मंजिल पर ही जाना है

हौसला अनुभव पर भारी

भारी अनुभव हौसले पर है

मजेदार सा उठापटक है

अब मंजिल पर से चलकर

मंजिल पर ही जाना है

ना वक्त का बंधन है

ना बंधन का बंधन है

सूक्ष्म रूप सेस्थूल

रूप धर चुका स्वप्न है

अब मंजिल से चलकर

 मंजिल पर ही जाना है

222

सुना है सजना सवरना छोड़ दिया

जुल्फों में फूल लगाना छोड़ दिया

ऐसी क्या खता हमने की

 सजा खुद को तुमने दिया

223

तन्हाई रातों में

क्यों रो रहे हो तुम

यादों के सैलाब में
क्यों बह रहे हो तुम
जमाने मेंजज्बात ए वफ़ा
ढूंढ रहे थे तुम
तुम्हें तो फक्र था की
यह जमाना है तुम्हारा
पर इस खुदगर्ज जमाने ने
ने बता दिया तुम्हें
ये जमान है ना   तुम्हारा

224

वो मोहब्बत ही क्या
जिसमें में दिल ना टूटे,
तबाही का मंजर ना देखें
तो फिर मोहब्बत
वो मोहब्बत ही क्या

225

जीवन नहीं अबूझ पहेली
जो मन भटके बाहर बाहर
जो ठौर गए तो सब मिले

अंदर ही जगत सब संसार

226

बुझ रही थी जिंदगी

हो रही थी राख

तुमने राख से आग बना

दी जिंदगी को दिशा

मिल रहे पुरस्कार

रच रहे काव्य

मिला पद मान प्रतिष्ठा

लक्ष्य के अंतिम

पायदान पर खड़ा

ये तेरी राख को आग

करने की कला का उपकार है

227

किसी को फूलों का शौक है

किसी को सागर के किनारा का

किसी के बर्फीली हवाओं का

किसी को दौलत का नशा है

किसी के पैमाने जाम का

पर हमें तो सिर्फ और सिर्फ

तेरी यादों का सहारा है

228

फन दिया फनकार बनाया

तूने जिंदगी को आयाम दिया

229

मन सुन्दर जग सुन्दर

मन सुन्दर जीवन सुन्दर

मन सुन्दर कर्म सुन्दर

मन जग कर्म सुन्दर

तब सुन्दर सब संसार

230

न रोक इस बदनाम से फनकार को

ना रुका है ना रुकेगा

मंजिल का दीवाना है

मंजिल पर ही रुकेगा

231

ना कुछ था ना कुछ है

अजीब सा सन्नाटा था
 अजीब सा सन्नाटा है
भूल भुलैया सी जिंदगी में
दौड़ रहे थे हम
जो कुछ नहीं था जीवन में
उसको खोज रहे थे हम
क्या पाना क्या खोना
और बात वहीं है कि
मंजिल पर खड़े थे हम
मंजिल खोज रहे थे हम

232

धन की महिमा अपरंपार
धन चड़के बोले जय कार
धन से खरीद सकते हो तन
पर धन से नहीं खरीद सकते हो मन
लोग सुख ढूंढे धन में
पर है सुख मन में
जीवन सरल सुखद है
जब धन नहीं पर वश में मन है

233

बड़े दिनों के बाद

इस बजर सी भूमि में

पौधा कैसे निकला है

बड़े दिनों के बाद

इस मुरझाए से बाग में

फूल कैसे खिला है

कुदरत का करिश्मा भी

बड़ा ही निराला है

234

अब वो इशारों इशारों में वह बात करते हैं

पहले खुलकर बात करते थे

अब दबी जुबां पर बात करते हैं

रचना आशुतोष

235

तुम्हारे शब्द शब्द हैं

मेरे शब्द में आत्मा है

रचना आशुतोष

236

अजीब सा शख्स देखा

जो मुझे नहीं

मेरी शख्सियत चाहता है

237

जलकर चिराग बन गया हूं

खुद के घर को रोशनी ना दे सका

बहोतो की जिंदगी को रोशनी दे रहा हूं

लोगों को मैं नहीं मेरी शख्सियत चाहिए

सो अपने को हटाकर

अपनी शख्सियत को दान दे रहा हूं

238

कहीं तो मिलो

जीवन में ना सही

काव्य में ही सही

रचना आशुतोष

239

कब तलक इंतजार करवाओगे

क्या केवल यादों में ही आओगे

240

किस मुकाम पर

खड़ा है वक्त

ना चाहतों का बाजार बचा है

न जज्बातों का

बचा है तो सिर्फ

लफ्जों का व्यापार

241

बड़ी अजीब सी बात है तेरी शख्सियत में

तेरे लफ्जों में बड़ी बेरुखी सी झलकती है

पर तेरी गजलों में मेरी शक्ल ही झलकती है

242

जहां मैं कामयाब होने के लिए

बड़ी कोशिश की कि ईमान बेच दूं

पर दर छोड़ दिया सामान बेच दिया

243

अब तेरी यादों में

रातों में जागता नहीं हूं मैं

पर जब जागता हूं तो देखता हूं

तेरे चेहरे के अक्स में

तू जागती हुई मालूम पड़ती है

244

तूफानों में कश्ती चलाते रहे हम

नदियों के भंवरों को छाकते रहे हम

अब जाके नाव किनारे पर लगी है

थोड़ा ठहर के किनारो का मजा ले ले हम

245

खो करो तुम अब मुझे पा ना सकोगे

अब हम उस मुकाम पर खड़े हैं

जहां तुम आना सकोगे

246

पहले हम रास्ते में चलते हैं

हमारे चले कदमों में लोग

अपने कदम रखकर फिर

उन रास्तों से गुजरते हैं

247

खुश रहिए मुस्कुराते रहिए

चेहरे से ज्यादा सुंदर

दिल को नेक बनाते रहिए

248

वक्त चेहरे और दिलों की

खूबसूरती बयां करता है कि

खूबसूरती दिलों में होती हैं

चेहरों में केवल बनावट

249

तेरी खूबसूरती क्यां बयां करूं मैं

तेरी खूबसूरती तेरी आंखों चेहरे से नहीं

तेरे दिल की सादगी नेक दिली से झलकती है

250

आफताब सा जज्बा सीने में हो

तो मंजिल गुलाब के फूल से

ज्यादा कुछ नहीं होती

251

शहर छूटा मोहल्ला छूटा गलियां छुटी और फिर तुम

सपना छूटा, प्यार छूटा, जज्बात छूटा और फिर हम

252

मेरे तेरे मन की व्यथा

व्यर्थ न जाएगी

आएगा वक्त

व्यथा कथा में बदल जाएगी

पुनः सुंदर सृजन होगा

तू फूल सा मुस्कुराएगा

दिशाएं होगी गुंजन मान

व्यथा कथा में बदल जाएगी

253

: वर्षा प्रवाह मान

गति स्थिर

लक्ष्य सम्मुख

शांतिपूर्ण मय समय

ना कर नकारात्मक विचार

समय पर होगा प्रकाश प्रकट

तब तक कर प्रतीक्षा

अंततः प्रतीक्षा देगी प्रसन्नता

254

यादों की गुल्लक से,

तेरी कुछ यादें ले उधार,

अब सोच रहा,

कैसे जमा की यादों के ये पल,

जब थी तुम मेरे पास,

ये यादें लेकर आई हैं अब बाहर,

 मिली मंजिल हो गई तकदीर साकार,

255

सब्र ,संघर्ष और निरंतरता का फल

अंत हुआ संघर्ष पथ

मिला पुरस्कार और ज्ञान

जो देगा कार क्षेत्र में प्रमुख स्थान

256

 जिंदगी कुछ नहीं

अकेले चलने का एक जरिया है

हम मंजिल के दीवाने

मंजिल में खड़े

आफताब का शक्ल होने का इंतजार हैं

साथ बहुत मिले

पर आफताब अकेले ही बने

257

तेरी आंखों की कशिश

लफ्जो में बयां ना हो सके

पर तेरी यादो की महक ने

जिंदगी को संवार दीया

अब खड़ा अंतिम पायदान में

तेरे इंतजार में

258

देख जमाने का दस्तूर

बड़ा अजीब सा लगता है

कभी वह अपना सा

कभी वो बेगाना सा लगता है

259

संघर्ष मय जीवन देता है

आनंद मय संसार

खड़ा मंजिल पर

देख रहा स्वप्न होता साकार

260

कर्म बड़ा है

आवश्यकता कम है

जीवन का यह मंत्र

मेरे लिए सार्थक है

261

मैं याद करता हूं

अब तुम भी याद करते हो

खोजते हो मुझे यहां वहां

इशारों में इशारों में बात करते हो

262

मैं याद करता हूं

अब तुम भी याद करते हो

खोजते हो मुझे यहां वहां

इशारों और इशारों में बात करते हो

263

देख जमाने का दस्तूर

बड़ा अजीब सा लगता है

कभी वह अपना सा

कभी वो बेगाना सा लगता है

रचना आशुतोष

264

तेरे काम में

मेरे काम की छाया दिखती है

ये इत्तेफाक है

या तेरी कोई शरारत

265

हमारी यादें तुम्हारी यादें

वजह जिंदगी में खुश रहने की यादें

वक्त का पहिया थामे ये यादें

भूत भविष्य तय करती ये यादें

बस ये यादें और ये यादे

266

ख्वाबों की परवाज

देती है जिंदगी को रफ्तार

खूबसूरत शक्ल में लेती है तकदीर
तब लेती है मंजिल शक्ल अख्तियार

267

धूप की रोशनी में
चिड़ियों की चहचहाहट में
फूलों की महक में
नदियों की कोलाहल मे
दिखती छाया तुम्हारी

268

मेरे तेरे मन की व्यथा
व्यर्थ न जाएगी
आएगा वक्त
व्यथा कथा में बदल जाएगी
पुनः सुंदर सृजन होगा
तू फूल सा मुस्कुराएगा
दिशाएं होगी गुंजन मान
व्यथा कथा में बदल जाएगी

269

यादों को लफ्जों में पिरो कर

चांदनी रातों में तारों के बीच

मेरी निगाहें खोजती हैं

तेरी आंखों के अक्स को

270

वह वक्त गुजर गया

वो लम्हा गुजर गया

तेरी यादों को दिल में समेटे

एक पूरा जमाना गुजर गया

रचना आशुतोष

271

लोग मशगूल है रोजी के लिए

नहीं वक्त है खुद के जीने के लिए

272

: किताबे कागज पेन धूप

सुंदर बहुत चमकदार

लिख रहे अतीत वर्तमान भविष्य

जो मन में ले आशा तरंग

मथ कर निकले अमृत धारा

जो हो सुंदर सजल भाव

समय प्रतीक्षा परिवर्तन

धैर्य संग चले मान

गति मत अवरुद्ध हो

चले जीवन गतिमान

273

: स्मृति स्मृति स्मृति

विस्मृति विस्मृति विस्मृति

बाल रूप बाल मन कर

विस्मित कर सब क्रिया गत

निर्मल मन उज्जवल प्रखर

पुनः उच्च आत्म बल

दे रहा लहरों को चुनौती

पुनः उड़ चला गगन की ओर

अभिलाषा पूर्ण जीवन सफल

274

लफ्जों में जो बयां ना हो सका

कलम की लकीरों में समा गया

हम फिर भी तंहा रह गए

लफ्जों को बयां ना कर सके

275

धूप की रोशनी में

चिड़ियों की चहचहाहट में

फूलों की महक में

नदियों की कोलाहल मे

दिखती छाया तुम्हारी

276

कोई तो बात है

जो आंखों में निखार लाई

कोई तो बात है

जो होठों पर मुस्कुराहट लाए

कोई तो बात है

चेहरों में चमक लाई

कोई तो बात है

जो तुम्हें खुशी से लबरेज कर रहे हैं

कोई तो बात है

तुम्हारी खुशी में हमारे गमगुम हो गए

यही बात है

जो हम खुश हो गए

277

: हमारी यादें तुम्हारी यादें

वजह जिंदगी में खुश रहने की यादें

वक्त का पहिया थामे ये यादें

भूत भविष्य तय करती ये यादें

बस ये यादें और ये यादे

278

तूने दिया तुझको लौटा रहा हूं

जज़्बात मेरे हैं ख्यालात सब तेरे हैं।

279

अंधेरे रास्तों में दुश्वारियां बहुत थी,

हम मंजिल में पहुंच आये,

तेरे अक्स को देखते देखते।

.   280

सुबह-सुबह तेरी याद की खुमारी छाई है

अब जाकर चाय की बारी आई है

281

चलो फिर मुलाकात होगी,

फिर बातें चार होंगी,

फिर रातों में सूरज, दिन में चांद होगी,

चलो फिर मुलाकात होगी ,

फिर बातें चार होगी।

.   282

दिल को ऐसा सुकून मिला देख के तेरी मुस्कुराहट

जैसे बरसों से बंजर भूमि में बारिश की पहली बूंद

283

सब्र रख सब मिलता है ,

वक्त लगता है पर सब मिलता है

.   284

जब हाथों में चाय, दिल में तेरी याद होती है

तो ये शाम बड़ी खूबसूरत सी शाम होती है

285

अधूरी सी दुआ सा अधूरा सा इश्क मेरा

मुकम्मल हो दुआ मेरी , मुकम्मल हो इश्क मेरा

286

देख दुनिया के रंग, बेरंग हो रहे जज्बात मेरे

387

दिल को ऐसा सुकून मिला देख के तेरी मुस्कुराहट

जैसे बरसों से बंजर भूमि में बारिश की पहली बूंद

288

सुबह की ठंडी ठंडी हवा के झोंकों में

, यह मेरे दिल को एहसास हो रहा है,

जो मेरे दिल में जो चल रहा है

वो तेरा दिल अब वह सुन रहा है

289

तेरी चाहत में,दिल के दर्द में

जुस्तुजू तेरी की,आरजू तेरी की

290

तुम थी दुनिया थी लोग थे जमाने में

पर मैं जब रास्तों पर चला तो अकेला था

तुम थी दुनिया थी लोग थे जमाने में

पर मैं जब मंजिल परपहुंचा तो भी मैं अकेला था

291

जो जाहिर हो जाए वह दर्द कैसा

जो समझ ना सके वह हम दर्द कैसा

292

उम्र यूं ही गुजर जाए

गुलाबी सी शाम में

उगते हुए चांद में

गिरती हुई ओस में

और बस तेरे दीदार में

.   293

प्यारी सी धूप में चमकता हुआ वो चेहरा

जैसे नूर बरस रहा हो आज मेरी तकदीर में

294

जो मेरी कलम पन्नों में ना बयां कर पाती हैं दिल की दास्तां

वो बातें तेरी निगाहें एक पल में बयां कर जाती है

295

बाते खूबसूरत हो, खूबसूरत सी बात हो
ऐसा हमारा तुम्हारे जीवन भर का साथ हो।

296

अजब सा फसाना है जिंदगी का
क्या मुसीबत है दिल को दिल से लगाने का
प्यार भी हम करें उदास भी हम ही रहे

297

जिंदगी में कुछ कर गुजरने का एहसास भी हो तुम
और जिंदगी में मुस्कुराने का ख्याल भी हो तुम

298

रंगीन सा समां सजी है महफिल हसीन
और हर मासूम से चेहरे में दिखती है तेरी तस्वीर

299

रंगीन सा समां है, सजी है महफिल हसीन।

और हर मासूम से चेहरे में ,दिखती है तेरी तस्वीर ।

300

सुबह की चाय में अजीब सी मिठास है

ये तेरे हाथों का जादू है या प्यार बेहिसाब है

301

ढलती हुई सूरज की रोशनी,

मध्यम पडता हुआ प्रकाश।

गवाही दे रहा है कि,

आज फिर बादलों के बीच उगेगा

,खूबसूरत सा यादों का चांद।

302

किसी को बताना क्या, किसी को दिखाना क्या।

खुद के लिए करना है, फिर आजमाना क्या।

303

मीठी मीठी बातों में

छोटी-छोटी रातों में

प्यारी प्यारी यादों में
खूबसूरत सी जिंदगी हमारी।

304

क्या खोजता है जहां में ,
तू क्या पाना चाहता है।
जिंदगी है अजीब सी पहेली,
तू क्यों सुलझाना चाहता है।
किसी को चाहिए इश्क ,
किसी को दौलत।
किसी को चाहिए पहचान,
उसी को चाहिए सकून।
जब जिंदगी को जिंदगी में,
जिंदगी से मिला दोगे।
तब जाके रूबरू होगा तू ,
जिंदगी के जिंदगी से।

305

जरूरी नहीं किस्सा मुकम्मल हो
बेशुमार बातों, बेशुमार मुलाकातों।

बेशुमार वादों, बेशुमार यादों के बाद।

306

चाल तेरी है ,ना भाग जहां के साथ।

ख्वाब तेरे हैं, ना भाग जहां के साथ।

सब्र रख ,ना भाग जहां के साथ।

वक्त पर चल ,ना भाग जा के साथ।

307

दोस्ती में चाहना ,फितरत ना थी मेरी ।

फिर तुम मिल गए ,फितरत बदल गई मेरी।

308

बाते हो राय ,हजार मिलते हैं।

दिल में सही लगे ,वही बात करते हैं।

309

जिंदगी बदल जाती है

नजरिया बदल जाता है

जज्बा बदल जाता है

जिंदगी बड़ी खूबसूरत चीज चीज है इसमें हर पल बदल जाता
है।

310

उसने अपने शहर में ,यादों का क्या दिया जलाया।

कि रोशनी मेरे शहर तक, मुझे बुलाने आई ।

311

वो सपना सपना ही क्या

जिसमे आदमी की जान ना लगा दे

या कामयाबी की मंजिल में पहुंच जाएं

या गर्त के सागर में डूब ना जाए

312

जिंदगी है जनाब

थोड़ी मीठी थोड़ी खट्टी है

थोड़ी अपनी थोड़ी बेगानी है

यही जिंदगी है जनाब

314

उगता हुआ सुबह का सूरज ,बता रहा है कि।

आज मेरे अंधेरे दिल में , फिर से उजाला होगा।

315

तेरे दिल के जज्बात तो, समझ पा रहा हूं।

पर तेरे बातों को ,समझ कर भी ,समझ नहीं पा रहा हूं।

तुझको पढ़कर भी ,नहीं पढ़ पा रहा हूं।

रचना आशुतोष

314

दिल उन्हीं से लगता है ,जिनसे दिल का रिश्ता होता है।

हर कोई अपना हो जाए ,ऐसा नहीं होता है।

315

मेरी कविताओं में ,तुम देखते हो।

तुम्हारी कविताओं, में मैं दिखता हूं।

बहुत खूबसूरत सा नजारा है यह जिंदगी का।

कम से कम हम, एक दूसरे के कविताओं में तो दिखते हैं।

316

जो मांगो वो मिलता है

ख्वाब मांगो ख्वाब मिलता है

जहां मांगो तो जहां मिलता है

317

तेरे दिल के जज्बात की ,कदर करता हूं।

तेरे इश्क की दरखास्त को, कबूल करता हूं

चलो जिंदगी का सफर ,अब तेरे नाम करता हूं।

318

क्या वादा निभा रहा हूं

फिर तेरे शहर में आ रहा हूं

319

पानी सा साफ है मन तेरा

जिसमें दिखाई पड़ता है अक्स मेरा

320

मुलाकात हो ना हो ,ये वक्त की बात है।

तू मेरे साथ है ,ये खास बात है।

321

जिंदगी जीना भी एक कला है

कुछ खोकर कुछ पाकर

322

इस अंधेरी रात में

तू साया सी है साथ में

323

तेरे इश्क में दिल का वजूद कुछ इस तरह टूटा कि

फिर अब जिंदगी में दोबारा मोहब्बत कभी नहीं होगी

324

तेरे बगल बैठा कुछ इस तरह लग रहा हूं

जैसे कि अंधेरी रात में टीम टीमाता हुआ तारा

325

चलो मुद्दतों के बाद वह घड़ी आ रही है

सपनों को धरातल में उतारने की बारी आ रही है

326

खुश रहो मस्त रहो

आबाद रहो

बस यही दुआ दे सकते हैं

हम तुम्हें तेरी नए बहार में

327

इशारो इशारो में हम तुम बात करते हैं

चलो हम तुम्हें ऐसे ही कम से कम खूब बात करते है.

328

बड़ी खूबसूरत सी शाम में

कोई मेरे दिल हाल ना देखे

कोई तेरे इश्क में मुझे बेहाल देखें

गुजर जाएगी ये शाम भी किसी तरह

फिर सुबह मुझे नये अरमान में देखिए

329

जब तुम मुस्कुराती हो

फूलों सा लगती हो

तेरी सादगी भी

 परियों सी लगती है

तेरा अंदाज ए गुफ्तगू ही

कुछ ऐसा है कि

तू मेरे दिल में बसती है

330

अब तू मेरा हर पल ख्याल रखती है

मुझे यह बड़ी बात लगती है

330a

एक पैमाने में हर चीज को नापा नहीं जा सकता

हर जिंदगी को एक सांचे में ढाला नहीं जा सकता

हर आदमी की जिंदगानी की कहानी अलग है

तू अलग है मैं अलग हूं

330b

चलो खूबसूरत सी बात है
चलो फिर से तेरा मेरा साथ है

330 c

एक पैमाने में हर चीज को नापा नहीं जा सकता
हर जिंदगी को एक सांचे में ढाला नहीं जा सकता
हर आदमी की जिंदगानी की कहानी अलग है
तू अलग है मैं अलग हूं
रचना आशुतोष

330 d

चलो खूबसूरत सी बात है
चलो फिर से तेरा मेरा साथ है

330 e

जीवन के सतत प्रयास में
एकल अभियान में

निरंतर सफल होती मनोकामनाएं

जीवन को देती सुंदर आभाए

331

मुलाकात हो ना हो ,ये वक्त की बात है।

तुम मेरे साथ हो,ये खास बात है।

332

झुकता नहीं मैं, किसी के लिए

अगर तू मिल जाए तो ,

झुक जाओ मैं तेरे लिए।

333

यह खूबसूरत सी बात है

अब तुम्हारा साथ है

334

शीतल नदी सी जीवन बह रही हो अब तुम

असीमित शांति प्रदान कर रही हो तुम

335

अपने शायरी के हर लफ्ज़ में तुमको ही बसा डालेंगे

कागज के हर एक पन्ने में तुझको रच डालेंगे

जब तक जिंदगी है तब तक तेरे नाम हर एक पल कर डालेंगे

336

दुनिया में जिधर देखो

शक्ल ही शक्ल है

पर मुझको नहीं देखती

तेरी शक्ल के अलावा

कोई दूसरी शक्ल

337

होता मैं जिंदगी में जमीन में।

पर तेरे इंकार ने मुझे

अर्श पर पहुंचा दिया।

338

काफिले में रेगिस्तान को पार करना आसान है।

तपती धूप में अकेले में रेगिस्तान पार करना सलाम है।

339

सूरज की पहली किरण के साथ

कौन लाता है जीवन में मिठास

सुबह की चाय , या तेरी मुस्कान

340

तुम और स्वप्न दोनों यथार्थ

341

जिंदगी का अंधेरा तेरे छाया के सहारे कट गया

जिंदगी के उजाले में तेरा साथ मिल गया

342

जिंदगी के सफर में गुजरते जा रहे हैं

तेरे यादों के समंदर में उतरते जा रहे हैं

343

क्या तुम्हें चाहिए रोटी कपड़ा मकान और कार

पर मुझे बस चाहिए सपना एक बार

पर अगर हम तुम समा सा हो जाए

मैं तुम्हारी रास्ते से गुजरता हुआ

अपने सपने तक जा सकता हूं।

344

अब तुम और स्वप्न दोनों यथार्थ हो ।

सो बातें यादें बहुत हो चुकी अब संग चाहिए।

345

ना कुछ है ना कुछ था

ना मुश्किलें थी ना पहाड़ था

एक केवल भ्रम का जाल था

दिया तभी जल रहा था

दिया अभी जल रहा है

रोशनी को रोका मकड़ी का जाल था

346

काले काले बादलों के बीच

चमकते हुए चांद

इस बात की गवाही दे रहा है

कि तुम आज मुझे बेसब्री से याद कर रहे हो

347

चांदनी रात है

नदी का किनारा है

और बस तेरा सहारा है

348

सुबह की चाय बड़ी लाजवाब है
इश्क का खुमार है यह तेरा प्यार है
रचना आशुतोष

349

चाय की खुशबू बता रही है,
तुम धीरे-धीरे दिल में ,
समाय जा रही हो।

350

आसानी से जो तुमको मिलता ठुकरा देते हो तुम
जो दूर कहीं है उसके पीछे भाग रहे हो तुम

351

जो चाहा सो पाया
घटित स्वप्न शून्य लाया

352

तुम जब चाहो मिलो

तुम्हारे लिए द्वार दिन रात खोलें है।

353

अब जाके जिंदगी में हंसी पल आया है ,

कि तेरे हाथों की बनी चाय,

पीने का वक्त आया आया है।

354

सुबह की चाय में इतनी लज्जत क्यो आ रही है।

क्या तुम चाय में अदरक इलायची मिला रही हो ।

या अपने प्यार के अरमान मिला रही हो।

355

स्वप्न पूरा विचार शून्य

मन शून्य, गति शून्य।

स्थितप्रज्ञ अवस्था।

356

फर्क नहीं पड़ता किस मार्ग में हो तुम

परंतु वह पथ वह चुनो जो

सुखमय और सुंदरता का सृजन करें

357

चलो ये खूबसूरत सी बात है, जिंदगी मैं

कि तेरा शहर अलग है ,मेरा शहर अलग

पर कम से कम ,आसमान तो एक है

358

चाय में जो सावला रंग है

तेरे हाथों का रंग है

359

खामोशी से बैठे,

पेड़ के शाख नीचे,

सामने बैठी,

चिड़ियों के झुंड के ,

चहचहाहट गीतों के ,

सुमधुर आवाजों के बीच ,

ढलते हुए सूरज में ,

मध्यम पड़ती रोशनी के बीच,

एक आकृति उभरती है ,

बिल्कुल छाया सी तेरी।

360

नज़दीकियां इतनी

दूरियां पता नहीं चलती

361

यह इश्क क्या-क्या ना कराये

बेहतर से क्या

बेहतरीन बना कर छोड़ेगा ।

362

तुम पहुंचो चांद पर

हम तुम्हें जमीन से देखेंगे

उस खूबसूरत पल भी

तुम्हें अपना देखेंगे

रचना आशुतोष

363

बड़ी खूबसूरत सी शाम में

कोई मेरे दिल हाल ना देखे

कोई तेरे इश्क में मुझे बेहाल ना देखें

गुजर जाएगी ये शाम भी किसी तरह

फिर सुबह मुझे नये अरमान में देखिए

364

जब हाथों में चाय, दिल में तेरी याद होती है

तो ये शाम बड़ी खूबसूरत सी शाम होती है

365

सब्र रख सब मिलता है ,

वक्त लगता है पर सब मिलता है।

366

जिंदगी में कुछ कर गुजरने का एहसास भी हो तुम

और जिंदगी में मुस्कुराने का ख्याल भी हो तुम

367

सुबह की चाय में अजीब सी मिठास है

ये तेरे हाथों का जादू है या प्यार बेहिसाब है.

368

रंगीन सा समां है ,सजी है महफिल हसीन

और हर मासूम से चेहरे ,में दिखती है तेरी तस्वीर

369

जिंदगी बदल जाती है

नजरिया बदल जाता है

जज्बा बदल जाता है

जिंदगी बड़ी खूबसूरत चीज चीज है

इसमें हर पल बदल जाता है।

370

उसने अपने शहर में ,यादों का क्या दिया जलाया।

कि रोशनी मेरे शहर तक, मुझे बुलाने आई।

371

तेरे दिल के जज्बात की ,कदर करता हूं।

तेरे इश्क की दरखास्त को, कबूल करता हूं

चलो जिंदगी का सफर ,अब तेरे नाम करता हूं।

372

दिल से दिल तार जोड़िए

फिर दिलों के एतबार जोड़िए

फिर जिंदगी की रफ्तार देखिए

373

फाग खेले हम फागुन में

टेशू के रंगों में घुला

यह प्यार तेरा मेरा

374

आज दिल में जा कर सकूंन आया है

आज तेरे पास से मेरे नाम का पैगाम आया है

375

इस होली दिल से दिल मिल गए

तुम हमारे हम तुम्हारे जीवन में उतर गए

376

दिल खिला-खिला सा है आज

खूबसूरत सी शाम में

हंसी से चांद में

मेरे जज्बात में

तेरे दीदार में

377

अंधेरा था चला गया,

 ठहरा था चल पड़ा ,

जिंदगी अजीब से मोड में थी।

बिछड़ते बिछड़ते अपने आप से मिल गया।

378

नया सवेरा, नई है दुनिया ।

बीती कल की बातें।

मौज हमारी करते-जाते

नित नित नई बातें।

379

रात के अंधेरे में एक बात निकल के आई,

तन्हाई से बढ़कर कोई दूसरा साथी नहीं।

380

मुद्दतों बाद लौटा हूं वहां ।

जहां से जिंदगी ,

शुरू किया था मैंने कभी

381

ना ज़मीन चाहिए ,ना आसमान चाहिए।

दुनियां से दूर ,एक छोटा सा जहां चाहिए।

382

यादों की बारिश में भीगते हैं हम ।

मुरझाए हुए फूलों को,

दिलों से लगा के रखते हैं हम।

383

कुछ रास्ते तय किए

कुछ मंजिलें तय की

धड़कनों में बसा हुआ जो ख्वाब है

उसकी ताजपोशी की तैयारी है

384

ना ग़म चाहिए ,

ना खुशी चाहिए।

 जिंदगी में थोड़ी सी ,

सुकून चाहिए।

385

बागों में बाहर है

रिमझिम फुहार है

चेहरे में हल्की-हल्की मुस्कान है।

यही जिंदगी की खूबसूरत पहचान है

386

दो चार ही पल है ,

दो चार पल की जिंदगी ।

खुशी-खुशी बिताइए ,

यह जीवन की है खूबी।

387

पतझड़ था बीत गया ।

नई कोपले फूटी है ,

समय के साथ।

388

बंद दरवाजे फिर खुल गए

जिंदगी में फिर से बहार के गुल खिल गए

अब थोड़ा रुकिए थोड़ा ठहरिए

अब जिंदगी के मजे लेते हुए

जिंदगी के साथ चलिए

389

सालों साल बाद वापस आया हूं

बड़े मुद्दतों के बाद वापस आया हूं

जिंदगी को जहां छोड़ा था

उसी मोड़ पर वापस आया हूं

390

किस्सा खत्म हुआ,

नई इबारत लिखनी है।

चलो पहले मटन खाकर आते हैं

फिर चाय पीनी है ।

391

सालों साल बाद वापस आया हूं

बड़े मुद्दतों के बाद वापस आया हूं

जिंदगी को जहां छोड़ा था

उसी मोड़ पर वापस आया हूं।

392

जिंदगी तेरा शुक्रिया ,

जो तूने दिया क्या कम दिया।

जो तूने दिया बेशुमार दिया।

ख्वाहिशें थी, ख्वाहिशें हैं , ख्वाहिशें रहेंगी।

और उन्हें पूरा करने का,

बेहतरीन सा हुनर दिया।

जिंदगी तेरा शुक्रिया।

393

हादसों पर हादसे होते रहे,

फिर भी हम मुस्कुराते रहे।

अब अंधेरे से निकलकर रोशनी में आ गए,

औरबीती हुई जिंदगी भूला कर आ गए।

सब्र रखा तो सिला मिला,

जिंदगी खूबसूरत सा मुका मिला।

394

नया जमाना है ,नया तराना है।

अब जिंदगी कुछ बेहतर बनाना है।

आशुतोष श्रीवास्तव

जिंदगी खुशगवार होनी चाहिए ,

हसरतें हजार होनी चाहिए।

जो मुकद्दर में हो ना हो ,

वह चीज भी मेहनत से।

हासिल हो जानी चाहिए।

395

अंधेरे से निकलकर ,उजाले की तरफ जा रहे हैं।

जिंदगी को एक बार फिर जीने जा रहे हैं।

396

सालों बाद वह सूरज आकाश में चमका है,

जो बादलों के बीच कहीं खो गया था।

जिंदगी फिर से हसीन हो गई है ,

जब से मैं गमों के पीछे छोड़ा है।

397

खूबसूरत सा समां है। खुशनसीब सा मै हूं ।चारों तरफ बहार फैली है । उसमें डूबा सा मै हूं।

398

यह दिल दिल है जनाब

जहां जज्बातों की कदर होती है

वो दिमाग है जनाब

जहां जज्बातों की नहीं

कागजातों की कदर होती है

299

लोगों के चेहरे पर मुस्कुराहट बांटते चलिए,

जिंदगी के गम को किनारे लगाते चलिए

400

सपने जो है सारे

बचपन के हैं हमारे

टूटते नहीं सपने

टूटते हैं दिल हमारे

401

बीत गई शाम जो बैठे थे पेड़ के नीचे हम,

सूरज दस्तक दे रहा है खिड़की में फिर से।

दूर कहीं संगीत का स्वर सुनाई दे रहा है,

और फिर पथ चलने का आमंत्रण दे रहा है।

अंततः जीवन नये रूप नये शक्ल में,

जीवन फिर गतिमान हो रहा है।

402

मंजिल में पहुंच गए तो मंजिल का मजा लीजिए ,

जिंदगी थोड़ी है इसको खूब बेहतरीन ढंग से जी लीजिए।

403

अंधेरा था चला गया,

ठहरा था चल पड़ा ,

जिंदगी अजीब से मोड में थी।

बिछड़ते बिछड़ते अपने आप से मिल गया।

404

बहुत चल चुका

ठहर जा

तू मंजिल पर ही खड़ा

अब कहां चला

405

हमने छोड़ दिया नजरा देखना,

जब से हम खुद नजरा हो गए।

बड़े मुद्दतों के बाद मंजिल मिली,

 जब हम खुद अपने से जुदा हो गए।

406

जो मुकद्दर में नहीं है वो भी हासिल हो जाएगा।

थोड़ी कोशिश कर तो कामयाब भी हो जाएगा।

गमों को एक तरफ किनारे कर।

मुस्कुराने से ही जिंदगी में एक नया उजाला हो जाएगा

407

जिंदगी में उत्साह बनाए रखिए,

हंसते और मुस्कुराते रहिए

गमों को किनारे लगाते रहिए।

408

सालों साल बाद खुशी का मौसम आया,

अब जाकर जीवन में सही मुकाम आया।

हौसला रखने से मिलती है मंजिल,

जज्बा ए जिंदगी अब जाकर काम आया।

409

-मुकद्दर के भरोसे हम नहीं बैठते।

जज्बा ए जनून रखते हैं

आज मुफलिसी का जमाना है

पर कल सरताज बनने का दम रखते हैं

410

-जिंदगी हजार तरह से ,बेजार करेगी।

पर मां की दुआएं ,रास्ता साफ करेगी।

411

हजार अफसाने होंगे ,जहां में हमारे।

पर उस वक्त हम, जहां में ना होंगे।

412

-अपने लाश के टुकड़े बिन रहा हूं।

मरने से पहले थोड़ा जी रहा हूं।

413

-जिंदगी कुछ नहीं ख्वाबों का पिटारा है ।

फूट जाता है उस दिन ,

जिस दिन चला जाता कोई हमारा है।

414

ना जीने की तमन्ना है। ना कुछ खोने का ग़म ।

जहां जिंदगी लेकर जा रही है।

वहां जा रहे हैं हम।

416

अपनी ख्वाहिशों को, छोड़ दो बाजार में।

शायद कोई नया, खरिददार ही मिल जाए बाजार में।

417

बड़े तमाशे से गुजरी है जिंदगी हमारी

जज्बात मरते गए और पत्थर के होते गए

4 18

अपनी बंदिश खुद बनाता हूं मैं।

 अपनी बंदिश में खुद गाता हूं मैं।

कल क्या हुआ वह भूल जाता हूं मैं।

नई धुन की नई लय में आगे बढ़ता जाता हूं मैं।

419

रसोई में बर्तन खड़कत तो लगता मां कि है।

क्यारी में तुलसी का पौधा लहराता तो लगता की मां है।

खाली पड़े सामने बिस्तर में लगता है कि एक पल में मां है।

टीवी के बगल पड़े सोफे में लगता है कभी-कभी की मां है।

उसकी पसंदीदा काली साड़ी को देखता हूं तो लगता है कि मां है।

मिठाई की दुकान में रसमलाई को देखता हूं तो लगता है की मां है।

मोतियों की माला को देखता हूं तो लगता है की मां है।

हवाई जहाज की विंडो सीट पर देखता हूं तो मां है।

मां है मां हां है और बस हर। जगह मां है।

लेखक -आशुतोष श्रीवास्तव